Animales en la Antártida

Julie Murray

Abdo Kids Junior es una
subdivisión de Abdo Kids
abdobooks.com

Abdo
HÁBITATS DE ANIMALES
Kids

abdobooks.com

Published by Abdo Kids, a division of ABDO, P.O. Box 398166, Minneapolis, Minnesota 55439.

Printed in the United States of America, North Mankato, Minnesota.

102021

012022

THIS BOOK CONTAINS
RECYCLED MATERIALS

Spanish Translator: Maria Puchol

Photo Credits: iStock, Shutterstock

Production Contributors: Teddy Borth, Jennie Forsberg, Grace Hansen

Design Contributors: Candice Keimig, Pakou Moua, Dorothy Toth

Library of Congress Control Number: 2021939747

Publisher's Cataloging-in-Publication Data

Names: Murray, Julie, author.

Title: Animales en la Antártida/ by Julie Murray

Other title: Animals in antarctica. Spanish

Description: Minneapolis, Minnesota: Abdo Kids, 2022. | Series: Hábitats de animales | Includes online resources and index

Identifiers: ISBN 9781098260644 (lib.bdg.) | ISBN 9781098261207 (ebook)

Subjects: LCSH: Animals--Habitations--Juvenile literature. | Habitat (Ecology)--Juvenile literature. | Antarctica--Juvenile literature. | Polar regions--Juvenile literature. | Zoology--Polar regions--Juvenile literature. | Spanish language materials--Juvenile literature.

Classification: DDC 591.52--dc23

Contenido

Animales en la Antártida

La Antártida es un lugar frío.

También se le llama Polo Sur.

Es un lugar muy frío para la mayoría de los animales. Sólo unos pocos pueden vivir aquí.

El **krill** vive en los océanos. Es alimento para otros animales.

Las ballenas jorobadas saltan en el agua. ¡Y cantan!

Los lobos marinos tienen aletas. Pueden moverse por la tierra.

Los pingüinos **se acurrucan** para mantenerse calientes.

pingüinos emperador

Las orcas viven en manadas. Una manada es un grupo de animales.

Las aves vuelan y

comen peces.

albatros viajero

Las ballenas azules son enormes. ¡Son el animal más grande de la Tierra!

Más animales en la Antártida

la foca leopardo

el págalo antártico

el petrel de las nieves

el pingüino de Adelia

Glosario

acurrucarse
estar muy juntos. Los pingüinos lo hacen para compartir su calor.

krill
animal de alta mar, parecido a los camarones.

Índice